108 citaten van Amma over gelukzaligheid

108 citaten van Amma over gelukzaligheid

Uitgegeven door:
   Mata Amritanandamayi Center
   P.O. Box 613
   San Ramon, CA 94583
   Verenigde Staten

---------- 108 Quotes on Bliss (Dutch) ----------

Copyright © 2016 Mata Amritanandamayi Center,
   P.O. Box 613, San Ramon, CA 94583, Verenigde Staten

Alle rechten voorbehouden. Niets uit deze uitgave mag worden opgeslagen in een geautomatiseerd gegevensbestand, vervelvoudigd, of openbaar gemaakt, in enige vorm of op enige wijze, zonder voorafgaande schriftelijke toestemming van de uitgever.

Eerste uitgave : april 2016

Adres in Nederland:
   www.amma.nl
   inform@amma.nl

Adres in België:
   www.vriendenvanamma.be

In India:
   inform@amritapuri.org
   www.amritapuri.org

1

Kinderen, wij zijn het licht van het Goddelijke, het eeuwig vrije, oneindige en gelukzalige Atman (het ware Zelf). Ga verder in onschuld en met vertrouwen en doe moeite; dan zul je de gelukzaligheid van het Zelf in je ontdekken.

2

Het Goddelijke is aanwezig in iedereen, in alle wezens, in alles. Zoals de ruimte, is God overal, alles doordringend, almachtig en alwetend. God is het levensprincipe, het innerlijke licht van bewustzijn en zuiver gelukzaligheidsbewustzijn. Het is je eigen Zelf. Je kunt het geheim van gelukzaligheid begrijpen als je nadenkt over de aard van het Zelf. Als de golven in de geest tot rust komen, zul je zien dat alles wat je zoekt al in je is.

3

Steeds als je je geïnspireerd voelt en tijd hebt, zit dan alleen en probeer alles als zuiver licht en gelukzaligheidsbewustzijn te visualiseren.

4

Voor spirituele zoekers is het goed om een tijd naar de hemel te kijken. Kijk naar de uitgestrektheid van de hemel en probeer op te gaan in die vormeloze onmetelijkheid waar alleen onverdeelde gelukzaligheid is.

5

Kijk naar binnen, observeer de gedachten en volg ze terug tot hun bron. Wees altijd overtuigd: "Ik ben in wezen Sat-chit-ananda (zuiver zijn, bewustzijn, gelukzaligheid)."

6

Dit menselijk leven heeft als doel onze ware aard te realiseren: oneindig geluk. Mis de kostbare kans niet om je eeuwig gelukzalige Zelf te vinden door tijdelijke genoegens achterna te rennen.

7

Een muskusdier zoekt naar de bron van de muskusgeur, maar hoe lang hij ook zoekt, hij zal die nooit vinden omdat de geur vanuit hemzelf komt. Zo ook moet gelukzaligheid niet buiten ons gezocht worden. Het bestaat in ons. Als we dit overdenken en genoeg onthechting ontwikkelen, houdt de geest op uiterlijke genoegens achterna te hollen.

8

Als we de houding van 'ik' en 'mijn' kunnen opgeven, is er geen verdriet meer en kunnen we van de oneindige gelukzaligheid in ons genieten. Maar we moeten de houding van 'ik' als individu opgeven. Geluk is in iedereen, maar we kunnen het niet ervaren door de voorkeur en afkeer van ons ego.

9

Kinderen, gelukzaligheid is onze ware natuur, niet verdriet. Maar er is iets met ons gebeurd waardoor alles op zijn kop gezet is. Geluk is een 'vreemde' stemming geworden, terwijl verdriet als natuurlijk wordt beschouwd. Echte gelukzaligheid bereiken we alleen als we onderscheid kunnen maken tussen het eeuwige en het tijdelijke.

10

We zoeken allemaal naar eeuwige gelukzaligheid, maar we zullen dat niet door vergankelijke objecten krijgen. Hoe kan iemand die in de dingen van de wereld naar geluk zoekt, de gelukzaligheid verkrijgen die niet tot deze wereld behoort?

11

Het geluk dat we door de uiterlijke wereld verkrijgen is vluchtig. Het blijft nooit lang bij ons. Het ene moment is het er en het volgende moment is het verdwenen. Maar met spirituele gelukzaligheid is dat niet zo. Als de uiteindelijke doorbraak, waar je de beperkingen van lichaam, geest en intellect transcendeert, eenmaal plaatsvindt, is de gelukzaligheid er voor altijd en is die oneindig. Als je die hoogste staat eenmaal bereikt, is er geen terugkeer.

12

Een man kroop rond op handen en voeten. "Waar zoek je naar?" vroeg zijn buurman.

"Mijn sleutel" zei de man wanhopig.

Beide mannen zochten op hun knieën. Na een tijdje vroeg de buurman: "Waar heb je hem verloren?"

"Thuis," antwoordde de man.

"Goeie hemel!" zei de buurman. "Waarom zoek je dan hier?"

"Omdat hier meer licht is."

Op dezelfde manier is geluk in je, maar je zoekt ernaar buiten je.

13

Als je probeert geluk na te jagen, zul je het niet vinden omdat het zoeken naar geluk ontevredenheid veroorzaakt. Zoeken brengt onvermijdelijk onrust vanbinnen. Een onrustige geest is een ongelukkige geest. Je zoektocht naar geluk is altijd in de toekomst, het is nooit in het heden. De toekomst is buiten, het heden is binnen. Gelukzaligheid wacht vanbinnen op je.

14

In je verlangen om geluk te verkrijgen creëer je de hel in je geest. Wat is de geest, alles wel beschouwd? Het is de opeenhoping van al je ongeluk, negativiteit en ontevredenheid. De geest is het ego en het ego kan niet gelukkig zijn. Hoe kun je met zo'n geest geluk zoeken? Meer zoeken brengt alleen maar meer ongeluk. Het geluk verschijnt pas als de geest en al zijn egocentrische gedachten verdwijnen.

15

Geluk komt van binnenuit. Een hond kauwt op een bot en denkt dat de energie die hij uit het bloed van zijn eigen verwonde tandvlees krijgt, uit het bot komt. We worden op dezelfde manier misleid als we denken dat de gelukzaligheid die we van binnenuit krijgen, uit een uiterlijk voorwerp komt.

16

We hebben altijd gedacht dat het lichaam en de geest echt zijn. Dit heeft ons verdriet gebracht. Laten we nu op de tegenovergestelde manier denken. Het Atman is echt en eeuwig en dat proberen we te verwerkelijken. Als die gedachte stevig in ons bewustzijn gevestigd wordt, zal ons verdriet verdwijnen en zullen we alleen gelukzaligheid ervaren.

17

Om werkelijke vrede en echt geluk te bereiken moet men voorbij de geest en zijn verlangens gaan. Hoe sterk je het ook probeert, het is niet mogelijk om de gelukzaligheid van het Zelf te ervaren als je tegelijkertijd werelds geluk zoekt. Als je payasam (zoete rijstepap) eet uit een pot die gebruikt wordt om tamarinde in te bewaren, hoe kun je dan de echte smaak van payasam proeven?

18

Echt geluk komt voort uit het oplossen van de geest, niet uit uiterlijke objecten. Door meditatie kunnen we alles bereiken, waaronder gelukzaligheid, gezondheid, kracht, vrede, intelligentie en vitaliteit.

19

Zonder de geest is er geen wereld. Zo lang je een geest hebt, zijn er namen en vormen. Als de geest eenmaal verdwenen is, is er niets. In die toestand is er geen slaap, noch wakker zijn. Je bent je niet bewust van objectief bestaan. Er is alleen perfecte stilte, gelukzaligheid en vrede.

20

Als je het stof in je ogen krachtig blijft wrijven in plaats van het te verwijderen, zullen de pijn en irritatie alleen maar toenemen. Verwijder het stof en alles zal in orde zijn. Op dezelfde manier is de geest als stof in het oog. Het is een element dat er niet hoort. Leer om van de geest af te komen. Alleen dan zul je perfectie, gelukzaligheid en geluk bereiken.

21

Ons probleem is dat we ons met alle stemmingen van de geest identificeren. Als we kwaad zijn, worden we kwaadheid. Hetzelfde geldt voor angst, opwinding, bezorgdheid, verdriet en geluk. We worden één met die emotie, of die nu positief of negatief is. We identificeren ons met het masker, maar in werkelijkheid zijn deze stemmingen niet echt jij. Jouw ware aard is gelukzaligheid.

22

Wij zijn degenen die moeten kiezen tussen tijdelijk geluk, dat zal culmineren in eindeloos lijden en ongeluk, en tijdelijke pijn die zal culmineren in eeuwige vrede.

23

Kinderen, verdriet ontstaat wanneer er verlangen is. Zelfs voor de schepping heeft God gezegd: "Jullie zullen altijd gelukkig zijn als jullie deze weg gaan. Verdriet zal het gevolg zijn als jullie het andere pad kiezen." Kinderen, jullie hebben deze woorden niet gehoorzaamd, jullie zijn daardoor in de sloot gevallen en nu zeggen jullie dat jullie erin werden geduwd. God heeft ons de twee wegen verteld. Wij moeten beslissen.

24

Het verschil tussen spirituele gelukzaligheid en materieel geluk is als het verschil tussen het water in een rivier en het water in een sloot. Je kunt ongetwijfeld je dorst lessen door slootwater te drinken, maar daarna zul je ziek worden. Als je rivierwater drinkt, zal je dorst gelest worden en zul je niet ziek worden.

25

Als verlangen het middel tot het verkrijgen van echt geluk zou zijn, zouden we de gelukzaligheid van bevrijding al lang bereikt hebben. Het wereldse leven is helemaal van de zintuigen afhankelijk, maar al onze energie wordt verspild door sensueel genot. Alle wereldse genoegens, wat ze ook zijn, eindigen in verdriet.

26

Stel dat je alleen maar Spaanse pepers eet wanneer je honger hebt, omdat je van pepers houdt. Je mond zal branden en je maag ook. Je wilde je honger stillen, maar nu moet je pijn lijden. Op dezelfde manier is lijden onvermijdelijk als je voor je geluk van materiële dingen afhankelijk bent.

27

Gelukzaligheid wordt niet door uiterlijke objecten verkregen. Het wordt ervaren wanneer de zintuigen door concentratie in de geest opgaan. Daarom, als je gelukzaligheid wilt, probeer dan concentratie te verkrijgen.

28

Als geluk door concentratie komt, volgt daaruit dat het niet van een specifiek voorwerp afhankelijk is. We ervaren tijdelijk geluk als we ons op tijdelijke objecten concentreren. Stel je dan de hoeveelheid gelukzaligheid eens voor die je verwerft als je concentratie op de Heer, de eeuwige schatkamer van alle glorie, verkrijgt.

29

Kinderen, ervaar de gelukzaligheid die ontstaat door diepe concentratie op God. Als je handelt met overgave aan God, zul je altijd gelukzaligheid ervaren. Dan veranderen zelfs gebeurtenissen die normaal pijnlijk zouden zijn, in momenten van vreugde.

30

Als je God gerealiseerd hebt, word je voor eeuwig in de hoogste gelukzaligheid gevestigd, omdat Gods aard zuivere gelukzaligheid is. God is noch geluk, noch ongeluk. Geluk is beperkt, maar gelukzaligheid is onvoorwaardelijk. Geluk en ongeluk behoren tot de wereld. God is de gelukzaligheid voorbij alle dualiteit.

31

Als je eeuwige en altijddurende gelukzaligheid wil, is de weg naar God er, maar je moet hard werken. Als je alleen in tijdelijk geluk geïnteresseerd bent, dan ligt de weg naar de wereld voor je open. Om alleen van de dingen te genieten die God geschapen heeft en die Hij bezit, is slechts weinig inspanning nodig, lang zo veel niet als nodig is om Gods gelukzaligheid te bereiken.

32

Als je je aan lichamelijke genoegens overgeeft, ervaar je een bepaalde hoeveelheid geluk, nietwaar? Als je dit niet onder controle hebt, kun je niet omhooggaan naar het niveau van spirituele gelukzaligheid. Als de verlangens nu niet beheerst worden, zullen ze jou later beheersen.

33

Als je de Heer eenmaal in de schrijn van je hart geborgen hebt, is er alleen maar gelukzaligheid, niet alleen vanbinnen, maar ook vanbuiten. Je zult echte gelukzaligheid ervaren, niet alleen maar de afspiegeling van het geluk dat we door uiterlijke objecten verkrijgen. Maar om die gelukzaligheid te verkrijgen moet je het zogenaamde 'geluk' opgeven.

34

Geef iets op en wees daar blij over. Vergeet dat het ooit van jou geweest is. Denken dat je iets verloren hebt is ook verkeerd. Voel het niet zo. Wees ontspannen en wees op je gemak. Besef dat je vrij bent, vrij van die last. Het voorwerp was een last en nu is het weg. Alleen als je de last van gehechtheid kunt voelen, zul je de ontspanning of gelukzaligheid kunnen voelen die ontstaat door onthechting en verzaking.

35

Een echt rijk iemand is iemand die altijd kan glimlachen, zelfs wanneer hij met verdriet geconfronteerd wordt. Verdriet laat hem niet huilen en hij heeft geen geluk nodig om blij te zijn. Hij is van nature gelukzalig. Hij heeft de hulp van geschikte voorwerpen of uiterlijke omstandigheden niet nodig om gelukkig te zijn. Een ogenschijnlijk rijk iemand kan zich ellendig voelen, als hij de onbetaalbare rijkdom van vrede en innerlijke tevredenheid verliest.

36

Eeuwige gelukzaligheid kan niet door rijkdom verkregen worden. Alleen niet eeuwig geluk kan daaruit verkregen worden. Dan vraag je misschien: "Hoe kunnen we zonder rijkdom leven? Moeten we de rijkdom die we hebben opgeven?" Amma zegt niet dat je iets op moet geven. Gelukzaligheid en vrede zullen je rijkdom worden als je de juiste plaats voor wat je hebt, begrijpt.

37

De wereld is niet het probleem. Het probleem zit in de geest. Wees dus waakzaam en dan zul je de dingen met grotere helderheid zien. Waakzaamheid geeft je een scherp oog en scherpe geest, zodat je niet bedrogen kan worden. Het zal je langzaam bij je ware wezen brengen: de gelukzaligheid van het Zelf.

38

Tevreden zijn in je eigen Zelf, door het Zelf en voor het Zelf staat bekend als innerlijk alleen zijn. Alle spirituele oefeningen worden gedaan om dit alleen zijn of deze concentratie van de geest te ervaren. In werkelijkheid hoeven we van niets uiterlijk afhankelijk te zijn voor ons geluk. We moeten onafhankelijk worden, alleen afhankelijk van ons eigen Zelf, de bron van alle gelukzaligheid.

39

Zelfs om goed van wereldse genoegens te genieten moet je een kalme geest hebben. Daarom, kinderen, moeten jullie airconditioning in de geest aanbrengen. Iemand met een geest met airconditioning ervaart alleen maar gelukzaligheid, altijd en overal. Daar moeten we naar streven. Het is niet rijkdom of iets anders dat gelukzaligheid geeft. Degene die echt gelukzaligheid schenkt is de geest.

40

Begrijp deze grote waarheid: het geluk dat uit de genoegens van de wereld voortkomt, is een minieme reflectie van de oneindige gelukzaligheid die vanuit je eigen Zelf komt.

41

Voordat je zaait, moet je de grond klaarmaken door alle gras en onkruid eruit te halen. Anders is het moeilijk voor het zaad om te kiemen. Op dezelfde manier kunnen we alleen de gelukzaligheid van het Zelf genieten, als we de geest van alle uiterlijke dingen zuiveren en hem op God richten.

42

Amma wil dat mensen hard werken om spirituele gelukzaligheid te verkrijgen. Ze wil niet dat mensen in naam van spiritualiteit hun tijd verspillen. Hoewel mensen om allerlei redenen naar Amma komen, zorgt ze er op een of andere manier voor dat ze aan God denken.

43

Nu staat God onderaan op onze lijst. Maar Hij moet bovenaan staan. Als we God bovenaan zetten, zullen alle andere dingen op de juiste plaats komen. Als we God eenmaal in ons leven hebben, zal de wereld volgen, maar als we de wereld omhelzen, kan God ons niet omhelzen. God in ons hebben is in het begin een worsteling, maar als we volharden, leidt dat ons naar eeuwige gelukzaligheid en geluk.

44

Echte groei komt alleen van het Zelf. Alleen onderzoek in het Zelf is van eeuwige waarde en schenkt vrede. We moeten 'Dat' als de echte gelukzaligheid kennen. Wat voor geluk zit er in het piekeren over de alledaagse details van het leven? Je moet verdergaan en zien dat alles door Hem is beschikt. Als je dat doet, zul je vrede ervaren.

45

Het heeft geen zin het lot de schuld te geven van alles wat er in je leven gebeurt. Het is allemaal het resultaat van je eigen handelingen. Geniet innerlijke vrede en doe je werk in het heden om je toekomst blij en gelukzalig te maken. Handel juist en oprecht en als er dan iets verkeerd gaat, kun je het als je karma, het lot of Gods wil beschouwen.

46

Geef je geest instructies als: "Geest, waarom verlang je naar deze onnodige dingen? Denk je nog steeds dat dit je geluk zal geven en tevreden zal stellen? Het is niet zo. Weet dat het alleen je energie zal uitputten en je slechts rusteloosheid en oneindig veel spanning zal geven. Geest, houd op met dit ronddwalen. Ga terug naar je gelukzalige bron en rust in vrede."

47

Net als ieder besluit is geluk ook een besluit. We moeten het vastberaden besluit nemen: "Wat mij ook overkomt, ik zal gelukkig zijn. Ik ben dapper en ik ben niet alleen. God is bij me."

48

Een oneindige verscheidenheid aan technieken over de hele wereld probeert ons geluk te verkopen. Ze kunnen adverteren: "Vervul je hartenwens in tien gemakkelijke stappen," of dergelijke slogans om je te verleiden om hun methode te kopen. Maar wat jammer! Niemand begint aan de echte weg behalve de spirituele zoeker. Nergens ter wereld kan men leren hoe je moet sterven voor het ego, voor gehechtheid, boosheid, angst en alles wat je ervan weerhoudt om echt zuivere liefde, volmaakte vrede en de hoogste gelukzaligheid te bereiken en te leven.

49

Het geluk van mijn kinderen is Amma's voedsel. Amma is gelukkig als jullie gelukzaligheid in jezelf vinden. Amma is ongelukkig wanneer ze ziet dat jullie van uiterlijke dingen afhankelijk zijn, want als jullie daarvan afhankelijk zijn, zullen jullie morgen moeten lijden.

50

Het is Amma's doel om jullie te helpen het hoogste niveau van ervaring te bereiken zodat jullie te weten komen wie jullie werkelijk zijn. Tapas of ascese is hiervoor bedoeld. Omdat spirituele gelukzaligheid verreweg de grootste vreugde van alles is, is de intensiteit van de tapas die nodig is of de prijs die je voor die gelukzaligheid moet betalen, ook het hoogst. Je moet je hele leven aan dat doel wijden.

51

Bid vol tranen tot God: "O Heer, laat mij U alstublieft zien. U bent mijn leven. U bent de Eeuwige. Mijn geest, waarom hunker je naar al deze dwaze en zinloze dingen? Zij kunnen je geen geluk schenken, waar je naar smacht. Ik heb je niet gevraagd om naar deze dingen te zoeken." Verandering zal langzaam tot stand komen door gebeden tot God en door de geest te ondervragen.

52

Mensen hebben de drang om zich aan alles wat ze maar kunnen, vast te klampen, zelfs aan het hele universum. Ze willen niets verliezen. Zuivere liefde betekent een geweldige hoeveelheid zelfopoffering. Op sommige momenten kan het veel pijn veroorzaken, maar zuivere liefde culmineert altijd in eeuwige gelukzaligheid.

53

Om zuivere liefde en de hoogste vorm van gelukzaligheid te verkrijgen moet men zuivering ondergaan. Zuivering is het opwarmen van de geest om alle onzuiverheden te verwijderen. Dit proces brengt onvermijdelijk pijn met zich mee.

54

Terwijl het tijdelijke geluk dat je door de wereld verkrijgt je uiteindelijk in de pijn van nooit eindigend verdriet duwt, verheft spirituele pijn je naar het verblijf van altijd-durende gelukzaligheid en vrede.

55

Innerlijke vrede volgt altijd op pijn. Om de toestand van vreugde te bereiken moet je eerst pijn ervaren. Pijn in het begin en blijvend geluk op het eind is veel beter dan geluk in het begin en langdurige pijn op het eind. Pijn is een onvermijdelijk deel van het leven. Als je niet op de een of andere manier geleden hebt, kun je vrede en geluk niet echt ervaren of waarderen.

56

Als de meester eenmaal met de operatie begonnen is, laat hij je niet gaan, omdat geen enkele dokter zijn patiënt weg laat lopen voordat de operatie voorbij is. De operatie die de Satguru verricht, is niet erg pijnlijk vergeleken met de zeer slechte toestand van je ziekte en in verhouding tot de hoogste gelukzaligheid en andere voordelen die je krijgt. Omdat een echte meester één is met God, helpt het ontzettend bij de vermindering van de pijn als je je in zijn overstromende liefde en compassie koestert.

57

De meester vermeerdert de pijn niet, hij vermindert de pijn. Zijn bedoeling is niet om je tijdelijke opluchting te geven, maar blijvende opluchting, voor altijd. Maar om de een of andere reden willen veel mensen hun pijn behouden. Hoewel de hoogste gelukzaligheid onze aard is, lijkt het erop dat mensen in hun huidige mentale toestand van hun pijn genieten, alsof het een natuurlijk deel van hen geworden is.

58

Pijn in het begin is de prijs die je moet betalen voor het geluk dat je in het leven geniet. Zelfs in de wereld varieert de intensiteit van de pijn of de opoffering die je moet ondergaan met de mate van geluk die je zoekt. Maar het geluk van spirituele gelukzaligheid is het hoogst en eeuwig. Daarom is het erg kostbaar en om het te bereiken moet je de lagere dingen, die minder genoegen geven, opgeven.

59

Zelfs als álle mensen in de wereld van ons zouden houden, zelfs dan zouden we niet een oneindig kleine hoeveelheid krijgen van de gelukzaligheid die we van Gods liefde krijgen.

60

Zoals een bloem afvalt wanneer de vrucht zijn vorm krijgt, verdwijnen wereldse verlangens als onthechting sterker wordt. Geen enkel verlangen kan zo iemand later binden, of hij nu thuis of in het bos woont. Iemand die Godsrealisatie als zijn doel heeft vastgesteld, hecht geen enkel belang aan iets anders. Hij begrijpt al dat niets materieel blijvend is en dat echte gelukzaligheid zich in hem bevindt.

61

Domme gehechtheid aan de wereld, die voortkomt uit verkeerd begrip, maakt dat wij het leven onbewust leiden, hoewel we ons bewegen en ademhalen. Als al deze gehechtheid losgelaten wordt, kan alles in het leven, zelfs de dood, in een gelukzalige ervaring veranderen.

62

Vairagya, oftewel onthechting, is het loslaten van wereldse dingen, omdat we beseffen: "Alle vreugde die ik van buiten mijzelf krijg, is vergankelijk en brengt me later lijden. Het geluk dat ik van wereldse voorwerpen krijg, is niet blijvend. Het is tijdelijk en daarom onecht." Maar om echt geluk te ervaren is het niet voldoende als wij alleen de bedrieglijke dingen van de wereld loslaten. We moeten ook wat echt is bereiken. De weg is liefde. Liefde is de weg naar eeuwige gelukzaligheid.

63

Denk je dat geluk uit onthechting voortkomt? Nee, geluk komt voort uit de hoogste liefde. Wat je nodig hebt om het Zelf of God te realiseren, is liefde. Alleen door liefde zul je volledige onthechting en gelukzaligheid ervaren.

64

Zij die alleen maar naar Godsverwerkelijking verlangen, maken zich niet druk om het verleden of de toekomst. Zij wensen in het huidige moment te zijn, want daar is God. Daar kun je volmaakte vrede en gelukzaligheid vinden. Door in dit moment te zijn bereik je volkomen stilte en rust in jezelf.

65

Doe je werk en verricht je taken met je hele hart. Probeer onzelfzuchtig en met liefde te werken. Geef je helemaal in alles wat je doet. Dan zul je schoonheid en liefde voelen en ervaren in alles wat je doet. Liefde en schoonheid zijn in je. Probeer ze door je handelingen tot uitdrukking te brengen. Dan zul je zeker de bron van gelukzaligheid bereiken.

66

Door onze toevlucht tot God te nemen krijgen we een zuiver hart. En met een zuiver hart kunnen we voortdurend gelukzaligheid genieten. Overgave aan God geeft vrede. Toch hebben we vaak de neiging om God te aanbidden op een manier die suggereert dat God iets nodig heeft.

67

Je kunt een spiritueel leven leiden terwijl je toch een gezin hebt en in de wereld leeft. Als je je geest de hele tijd in God geabsorbeerd houdt, kun je toch de gelukzaligheid van het Zelf genieten. Een moedervogel denkt aan de jongen in het nest ook als ze op weg is om voedsel te zoeken. Op dezelfde manier kun je gemakkelijk gelukzaligheid bereiken, als je je geest op God gericht kunt houden, terwijl je met al je wereldse dingen bezig bent.

68

Als je je vriend een bos bloemen geeft, ben jij degene die de voldoening van het geven ervaart. Jij bent de eerste die van de schoonheid en geur van de bloemen geniet. Op dezelfde manier profiteert onze geest ervan door zuiver te worden als we ons aan het welzijn van anderen wijden. Echt geluk komt voort uit onbaatzuchtig handelen.

69

Om aan God te denken moet je absoluut en helemaal in het huidige moment zijn en het verleden en de toekomst vergeten. Dit soort vergeetachtigheid helpt je om de geest kalmer te maken. Het laat je de gelukzaligheid van meditatie ervaren. Echte meditatie is het einde van alle ellende. Het verleden bestaat alleen in de geest en alle lijden wordt door de geest veroorzaakt. Wanneer je het verleden en de geest loslaat, word je gevestigd in de zuivere gelukzaligheid van het Zelf of God.

70

Kinderen, meditatie is leren om in gelukzaligheid te sterven. Laat de dood en sterven een moment van grote viering en gelukzaligheid worden, net zoals we verjaardagen vieren. Door meditatie kun je leren om alle vasthouden en hebzucht in het leven te laten afnemen. Je hele leven moet een voorbereiding worden om gelukkig te sterven, want alleen als je bereid bent om de dood gelukkig onder ogen te zien, kun je een echt gelukkig leven leiden.

71

Jullie zijn geen kleine vijvers waarin het water stilstaat en mettertijd vervuilt. Jullie zijn rivieren die voor het welzijn van de wereld stromen. Jullie horen niet te lijden. Jullie horen gelukzaligheid te ervaren. Door in de rivier te stromen wordt het water van de vijver gezuiverd; door in een goot te stromen wordt het alleen maar viezer. De goot is de egoïstische houding van 'ik' en 'mijn'. De rivier is God. Kinderen, door onze toevlucht bij God te zoeken ervaren we vreugde en innerlijke rust, die dan uit ons stroomt om de wereld ten goede te komen.

72

Kijk naar de vogeltjes die bij de vijver leven. Ze weten niet dat ze vleugels hebben. Ze willen niet omhoogvliegen en van de nectar van de bloemen aan de bomen rondom de vijver genieten. Ze leven alleen van het slijk in de vijver. Maar als ze hoog in de lucht zouden vliegen en de nectar zouden proeven, zouden ze niet naar het vuil beneden terugkeren. Op dezelfde manier brengen veel mensen hun hele leven door onbewust van hun ware essentie en de gelukzaligheid die men verkrijgt door van God te houden.

73

Je kunt boekdelen over spiritualiteit schrijven. Je kunt er prachtige gedichten over schrijven en er met melodieuze liederen over zingen. Je kunt uren over spiritualiteit spreken in zeer mooie en bloemrijke taal. Maar spiritualiteit blijft toch onbekend voor je als je de schoonheid en gelukzaligheid niet werkelijk vanbinnen ervaart.

74

Yoga is niet iets wat in woorden verteld moet worden. Het is de ervaring van de verbinding van de jivatman (individuele zelf) met de Paramatman (hoogste Zelf). Zoals je zoetheid niet kunt uitleggen nadat je honing gegeten hebt, is de gelukzaligheid van eenheid onbeschrijfelijk.

75

Als je suiker wordt, is er alleen maar zoetheid. Zo ook is er alleen maar gelukzaligheid als we in een toestand zijn van echt getuige zijn.

76

Het volgen van het pad van bhakti (devotie) heeft vele voordelen. Je krijgt gelukzaligheid vanaf het eerste begin. Zo wordt men aangemoedigd om sadhana (spirituele oefeningen) te doen. Bij andere wegen zoals pranayama (beheersing van de ademhaling) verkrijg je pas op het eind gelukzaligheid. Zoals men zelfs van de stam van een jackfruitboom vruchten krijgt, is bhakti de weg die resultaten vanaf het eerste begin geeft.

77

De zoetheid die devotie zonder verlangen ons geeft, is uniek. Hoewel advaita (de toestand van non-dualiteit) de hoogste Waarheid is, vindt Amma soms dat het allemaal zinloos is en zou ze liever een onschuldig kind voor God blijven.

78

Kinderen, het zoete en gelukzalige gevoel dat men krijgt door de glorie van de Heer te zingen, is een onvergelijkelijk unieke en onbeschrijflijke ervaring. Er is geen sprake van dat men totale en volledige voldoening zal krijgen door het zingen van de naam van de Heer. Daarom komen zelfs zij die die toestand bereikt hebben, naar beneden om de glorie van de Heer met de houding van een toegewijde te bezingen.

79

Kinderen, bid en stort tranen als je aan God denkt. Geen enkele sadhana geeft je de gelukzaligheid van de goddelijke liefde zo effectief als oprecht gebed tot God. Roep tot Hem. Laat de roep uit je hart komen, zoals een kind om voedsel roept of om door zijn moeder vastgehouden en geliefkoosd te worden. Roep om Haar met dezelfde intensiteit en onschuld. Huil en bid tot Haar en Ze zal zich bekendmaken. Ze kan niet stil en onbewogen zitten wanneer iemand zo tot Haar roept.

80

De pijn die veroorzaakt wordt door het verlangen om God te zien, is geen verdriet; het is gelukzaligheid. De toestand die wij bereiken door naar God te roepen en om Hem te huilen staat gelijk met de gelukzaligheid die een yogi in samadhi ervaart. Om God huilen is helemaal geen mentale zwakte maar helpt ons om de hoogste gelukzaligheid te verkrijgen.

81

Om God huilen is veel beter dan om alledaagse en voorbijgaande wereldse genoegens huilen. Het geluk dat we door de voorwerpen van de wereld verkrijgen duurt maar een paar seconden, terwijl de gelukzaligheid die we ervaren door aan God te denken, eeuwig is.

82

Een echte toegewijde houdt op met het voeden van het ego en luistert niet langer naar het intellect. Hij luistert alleen naar het hart. Het sterven van het ego is de echte dood: het maakt je onsterfelijk. De dood van het ego leidt tot onsterfelijkheid. Als het ego sterft, leef je voor eeuwig in gelukzaligheid.

83

Meditatie is de ambrosia die je egoloos maakt en je naar een toestand zonder geest leidt. Als je de geest eenmaal getranscendeerd bent, kun je niet meer lijden. Meditatie helpt je om alles als een blij spel te zien zodat alle ervaringen, zelfs het moment van sterven, gelukzalig kunnen worden.

84

Geboorte en dood zijn de twee meest intense gebeurtenissen in het leven. Bij deze beide belangrijke gebeurtenissen trekt het ego zich zo ver op de achtergrond terug dat het machteloos is. Als je je eenmaal realiseert dat geboorte en dood niet het begin en het einde zijn, wordt het leven oneindig mooi en gelukzalig.

85

De angst en pijn die je aangaande de dood hebt, worden veroorzaakt door de gedachte dat de dood alles wat je hebt gaat vernietigen, alles waaraan je gehecht bent en alles waaraan je je vastklampt. Dit vastklampen veroorzaakt de pijn. Als je alle gehechtheid los kan laten, dan zal de pijn van de dood veranderen in een ervaring van gelukzaligheid.

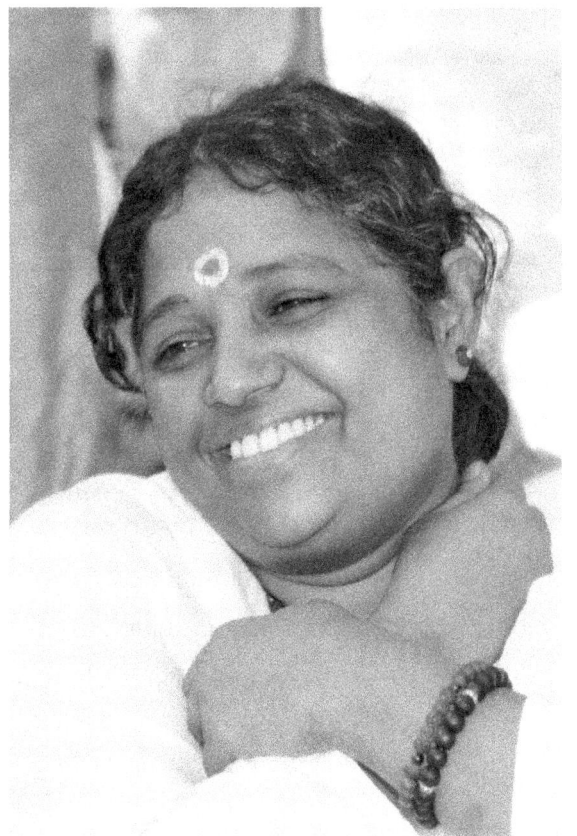

86

De waarheid is dat de dood onnatuurlijk voor ons is. De dood is alleen natuurlijk voor het lichaam, niet voor het Zelf, dat onze ware essentie is. Verdriet is ook onnatuurlijk voor het Zelf, terwijl gelukzaligheid onze natuurlijke toestand is. Maar de mens schijnt veel liever de dood en verdriet te omarmen. Hij is vergeten hoe hij moet glimlachen. Alleen wanneer je de gelukzaligheid van het Atman aanboort, zul je echt kunnen glimlachen.

87

Als je de Waarheid eenmaal kunt zien, is er niets onbekend of vreemd voor je. Je bent met het hele universum vertrouwd en je glimlacht, niet af en toe, maar de hele tijd. Je leven wordt een grote glimlach. Je lacht voortdurend om alles, niet alleen op gelukkige momenten, maar ook op ongelukkige momenten. Je kunt zelfs naar de dood glimlachen.

88

Liefde en vrijheid zijn niet twee; zij zijn één. Ze zijn van elkaar afhankelijk. Zonder liefde kan er geen vrijheid zijn en zonder vrijheid kan er geen liefde zijn. Eeuwige vrijheid kan alleen worden genoten wanneer alle negativiteit verwijderd is. Alleen in de toestand van zuivere liefde zal de prachtige, geurende bloem van vrijheid en hoogste gelukzaligheid zijn blaadjes ontvouwen en bloeien.

89

Onze tijd hier is erg beperkt. Verspreid ieder moment geluk zoals een vlinder die maar een week leeft. Als we aan iemand geluk hebben kunnen geven, al is het maar één minuut, maakt dat ons leven gezegend.

90

Jivanmukti (Zelfrealisatie) is het hoogtepunt van het menselijk bestaan. Het is een toestand waarin men onophoudelijk gelukzaligheid ervaart terwijl men nog in het lichaam is. In die staat is het lichaam niet meer dan een kooi waarin de ziel woont, want men is er zich altijd van bewust dat het Zelf iets anders is dan het lichaam. Zij die het Oneindige kennen, zij die de Waarheid gerealiseerd hebben, lijden niet. Ze ervaren alleen maar gelukzaligheid.

91

Als Zelfrealisatie eenmaal is bereikt, gaan sommige wezens in de eeuwigheid op. Na het bereiken van die hoogste toestand komen er zeer weinig van hen naar beneden. Wie vindt het leuk om terug te komen nadat men de oceaan van gelukzaligheid is binnengegaan? Slechts enkelen kunnen die sankalpa doen of besluiten om naar beneden te komen. Die sankalpa is mededogen, liefde en het onbaatzuchtig dienen van de lijdende mensheid.

92

Mahatma's kunnen een zegen geven, die zelfs God niet kan geven. God is naamloos en vormloos. Je kunt Hem niet zien. Mahatma's geven werkelijkheid aan het bestaan van God en zegenen mensen met een tastbare ervaring van Hem. In hun aanwezigheid kunnen de mensen God zien, voelen en ervaren. Mahatma's doen de grootst mogelijke zelfopoffering: zij verlaten het hoogste verblijf van gelukzaligheid om te midden van gewone mensen te leven, als een van hen, terwijl ze in eeuwige eenheid blijven.

93

Wij hebben degenen die bereid zijn hun leven voor de wereld op te offeren niets aan te bieden. Alleen door hun genade kunnen wij de unieke gift van Godsrealisatie ontvangen. We kunnen alleen met grote nederigheid voor hen buigen en hun ontzettend dankbaar zijn dat ze naar beneden gekomen zijn om ons te ontmoeten en ons te helpen ons te ontwikkelen. Deze spirituele meesters leiden ons naar het niveau van de hoogste gelukzaligheid, waar zij zelf eeuwig verblijven.

94

Een Mahatma, of Satguru, heeft alle vasana's (aangeboren negatieve neigingen) getranscendeerd door alle verlangens en gedachtegolven onder controle te brengen. Dit geeft hun de kracht om hartelijk te glimlachen en eenvoudig blij de getuige van alles te zijn. Omdat de Satguru een bron van eeuwige gelukzaligheid en geluk is, maakt vertrouwen in hem je echt gelukkig en tevreden en maakt het je leven tot een feestelijke viering.

95

Vieren is jezelf vergeten. De basis van alle viering is het vertrouwen dat het Zelf in mij en het Bewustzijn achter het universum één en hetzelfde zijn. Wanneer liefde en mededogen ons hart vullen, ontdekken we dat ieder moment nieuw is. We raken nooit verveeld. Als we altijd enthousiast, gelukkig en vol overgave aan God zijn, wordt het leven een gelukzalige viering.

96

Als een druppel water die in zee valt en in zijn enorme uitgestrektheid opgaat, duikt de toegewijde in de oceaan van gelukzaligheid, wanneer hij zich aan het Bestaan overgeeft. Hij verdrinkt in de oceaan van liefde en leeft altijd in liefde. Hij wordt volledig verteerd door goddelijke liefde en zijn individuele bestaan houdt op, omdat hij in de totaliteit van liefde is opgegaan. Hij wordt een offergave van liefde aan zijn Heer. In die toestand van zuivere liefde verdwijnen alle angst, alle zorgen alle gehechtheid en alle verdriet.

97

Spiritualiteit is de bekwaamheid om iedere hindernis in het leven met een glimlach tegemoet te treden. Omdat een echte toegewijde alles aan zijn geliefde Heer heeft overgegeven, is hij altijd in een prettige, gelukzalige stemming.

98

In een echte toegewijde houden alle conflicten en verdeeldheid op te bestaan. Er is geen plaats voor haat of boosheid. Zij die hem haten en zij die van hem houden zijn voor hem gelijk. Niet alleen liefde, maar ook boosheid en haat worden als prasad (een geschenk van God) beschouwd. Een echte toegewijde ervaart niet alleen goed, maar ook kwaad als prasad.

99

Gelukzaligheid en tevredenheid ontstaan wanneer er geen ego is. Het ego verdwijnt door devotie, liefde en volledige overgave aan de hoogste Heer. Tevredenheid komt alleen wanneer je je overgegeven hebt met een houding van totale aanvaarding, als je iedere ervaring in het leven met gelijkmoedigheid verwelkomt.

100

Amma zegt soms tegen haar kinderen: "Jullie geluk is Amma's gezondheid. Amma heeft behalve dat geen gezondheid." Daarom, kinderen, dien onbaatzuchtig en doe je spirituele oefeningen zonder tijd te verspillen, en bereik echte gelukzaligheid. Jullie tijd is kostbaar, ga dus behoedzaam, met bewustzijn, verder naar het doel: Waarheid, Bewustzijn en Gelukzaligheid.

101

Allesomvattende gelukzaligheid is er voor degenen die dicht bij God verblijven. Als je deze toestand eenmaal bereikt hebt, gaan ervaringen als geluk en verdriet, belediging en lof, warmte en koude, geboorte en dood gewoon door je heen. Jij blijft voorbij dit alles als de 'ervaarder', de grondslag van alle ervaringen. Je bent van alles getuige als een speels kind.

102

De hele schepping verheugt zich. De sterren fonkelen aan de hemel, de rivieren stromen gelukzalig, de takken van de bomen dansen in de wind en de vogels barsten in gezang los. Je moet je afvragen: "Waarom voel ik me zo ellendig terwijl ik te midden van deze blije viering leef?" Stel de vraag "Waarom" herhaaldelijk en je zult vinden dat het antwoord is dat de bloemen, sterren, rivieren, bomen en vogels geen ego hebben. En omdat ze zonder ego zijn, kan niets hen kwetsen. Wanneer je geen ego hebt, kun je alleen maar blij zijn.

103

Kinderen, wanneer onschuld in ons hart wakker wordt en ons alles in haar licht laat zien, is er alleen gelukzaligheid.

104

Ga terug naar de onschuldige, gelukzalige wereld van een kind, vol gelach en zonneschijn. Ieder van ons moet het kind dat in ons ligt te slapen, wakker maken. Anders kunnen we nooit groeien, want alleen kinderen kunnen groeien. Het is goed om tijd met kinderen door te brengen. Ze leren je om te geloven, lief te hebben en te spelen. Kinderen leren je om van ganser harte te lachen en ogen vol verwondering te hebben.

105

Als je ogen kunnen doordringen tot voorbij het verleden, het heden en de toekomst om de onveranderlijke Realiteit achter alle veranderlijke ervaringen te zien, kun je alleen nog maar glimlachen. Je ogen zullen ook glimlachen, niet alleen maar je lippen. Alle grote Meesters hebben opmerkelijk glimlachende ogen. Krishna had glimlachende ogen. Kijk naar Kali die op Shiva's borst danst. Hoewel Ze er woest uitziet, is er een glimlach in Haar ogen, de glimlach van gelukzalige alwetendheid. Als je de gelukzaligheid van de Werkelijkheid waarneemt, stralen je ogen zuivere blijheid uit.

106

Amma had geen gevoelens van onbekendheid toen Ze in de wereld kwam. Alles was uiterst vertrouwd voor haar. Als je alles over de wereld weet, kun je alleen maar glimlachen. Als je het hele universum als het gelukzalige spel van goddelijk Bewustzijn ziet, wat kun je dan anders doen dan glimlachen?

107

Omdat je je realiseert dat je niet dit lichaam bent, maar het hoogste Bewustzijn, zul je wakker worden en beseffen dat deze droom van de wereld en alle ervaringen die ermee verbonden zijn, alleen gelukzalig spel zijn. Je zult lachen als je naar dit prachtige spel van goddelijk Bewustzijn kijkt. Zoals een kind dat naar de verschillende kleuren van een regenboog kijkt, lacht en ervan geniet met verwondering in zijn ogen, zo zul jij ook lachen van vreugde.

108

O goddelijke Geest, ziet U me hier? Dat Uw met sterren bezaaide handen genade over mij mogen uitstorten en mij de kracht mogen geven aan U te denken en het verdriet om naar U te blijven roepen. U bent mijn enige toevlucht en troost. Gelukzalig en schoon is Uw goddelijke wereld. Til mij op naar Uw wereld van miljoenen fonkelende sterren.

www.ingramcontent.com/pod-product-compliance
Lightning Source LLC
Chambersburg PA
CBHW061955070426
42450CB00011BA/3042